malvas orquídeas del mar

mauve sea-orchids

malvas orquídeas del mar

mauve sea-orchids

Lila Zemborain

translated by

Rosa Alcalá & Mónica de la Torre

Belladonna Books
Brooklyn, New York
2007

The Spanish poem *Malvas orquídeas del mar* was originally published by Editorial Tsé-Tsé: Buenos Aires, 2004.

ISBN: 978-0-9764857-4-2

Distributed to the trade by
Small Press Distribution
1341 Seventh Street
Berkeley, California 94710
www.SPDBooks.org

Also available directly through Belladonna Books.

Text design, cover design, & typesetting by HR Hegnauer
Original cover art by Emilie Clark

Mauve Sea-Orchids was printed in a first edition of 1000 copies by Thomson-Shore, Inc on acid free Natures Natural, 50% post-consumer recycled paper. Text and cover typeset in Goudy Old Style and Gill Sans. Printed in the United States, 2007.

These poems were written between January - August 2001.

Some of the poems where previously published in: *Ecopoetics, Rattapallax, The Poetry Project Newsletter, Rebel Road,* & *Bombay Gin.*

Belladonna* is a reading and publication series that promotes the work of women writers who are adventurous, experimental, politically involved, multiform, multi-cultural, multi-gendered, impossible to define, delicious to talk about, unpredicatable, & dangerous with language. Belladonna* is supported with funds granted by the New York State Council on the Arts, The Fund for Poetry and by donations. This book was made possible by Face Out, a grant program organized by The Council of Literary Magazines and Presses with the support of The Jerome Foundation and The New York Community Trust. The mission of Face Out is to maximize the visibility of emerging writers.

State of the Arts
NYSCA [clmp] THE NEW YORK COMMUNITY TRUST NY CT

Belladonna Books
925 Bergen Street, Suite 405
Brooklyn, New York 11238
www.BelladonnaSeries.org

**deadly nightshade, a cardiac and respiratory stimulant, having purplish-red flowers and black berries*

Other Poetry by Lila Zemborain

Abrete sésamo debajo del agua (Buenos Aires, Ultimo Reino, 1993)

Usted (Buenos Aires, Ultimo Reino, 1998)

Guardianes del secreto (Buenos Aires. Tsé-Tsé, 2002)

Malvas orquídeas del mar (Buenos Aires: Tsé-Tsé, 2004)

Rasgado (Buenos Aires: Tsé-Tsé, 2006)

Ardores (Buenos Aires, 1989)

Bilingual Poetry

Pampa (New York: Belladonna Books, 2001)

Criticism

Gabriela Mistral. Una mujer sin rostro (Rosario: Beatriz Viterbo Editora, 2002)

When I was following only my own
instinct, the jelly-fish repelled me at
Balbec, but had I known how to look at it,
like Michelet, from the point of view of
natural history and aesthetics, I would have
seen a delectable girandole of azure. Are
they not, with the transparent velvet of
petals, like the mauve orchids of the sea?

Marcel Proust

la orquídea y el moscardón

orchid and bumble-bee

That over-mind seems like a cap, like
water, fluid, yet with a definite body,
contained in a definite space. It is
like a closed sea-plant, jellyfish
or anemone.

H.D.

de noche no se puede evitar el acercamiento
de los cuerpos acomodados en la pulsación
y el ritmo de las glándulas amorosas;
compulsivamente las manos desenvuelven su
labor reconocedora generando innumerables
resonancias de energía en cuerpos que se amaron
sin saber lo que era la pasión, conocida ahora con
la certeza del que sabe el movimiento que habrá
de realizarse; amor que sobrevive en el pacto de
las células, sello que borra los años de entropía
controlada; glandularmente extensos en su lisura,
se rozan sin necesidad de desnudarse en el anhelo
perfecto de un amor que sobrevive la aspereza
del olvido voluntario ¿será que algo importaba
más que un amor inenarrable? el desprecio a lo
adquirido es lo que cuenta en las zonas de una
mente que desea con narciso caer en la laguna

at night it is unavoidable that bodies attuned to
the throbs and the rhythm of loveglands come
together; hands are compelled to begin performing
their sensing duties, they generate countless
resonances of energy in bodies that once loved
each other oblivious of passion, but now recognize
it with the certainty of whom knows the move that
should follow; a love that persists in the cell's pact,
a seal that erases the years of controlled entropy;
stretched out, gland-like in their smoothness,
they come into contact regardless of whether
they undress in the perfect yearning of a love that
survives the harshness of intentional oblivion;
could it be that something mattered more than
a love beyond description? the disdain for the
acquired is what matters in the areas of a mind
that longs, like narcissus, to plunge into the lake

hay ciertas glándulas amorosas que son como su nombre
lo indica blandas, cálidas, suaves al tacto, perfectamente
rojas o blancas, como pequeñas almohadas que se
alojan en distintas partes del cuerpo y destilan un
líquido vaporoso cuyo efecto es una sensación de
autocontención amorosa por demás; como si se
estuvieran besando las células unas a otras, toda una
cadena corporal de besos que llena de alegría; no es en
sí un amor narcisista, o de autocomplacencia, sino que
se expande desde las células hacia el resto del cuerpo,
y por allí se desborda al mundo que nos rodea; una
revolución de besos celulares que amasa el cuerpo de
distintas sustancias; y ya no serían las glándulas del amor
almohadas, sino más bien bollos que al cocinarse en el
propio cuerpo emiten un olor a pan horneado, como
la carnosidad tibia y fresca del bebé recién nacido, no

there are certain loveglands that are, as their
name suggests, bland, warm, soft to touch,
perfectly red or white, like small pillows
lodged in different parts of the body distilling
a steamy liquid that causes a heightened
sensation of self-contained love; it is as if
cells were kissing each other, a bodily chain
of kisses suffusing one with joy; it is neither a
narcissistic love nor self-complacency, rather, it
is one flowing from the cells toward the rest of
the body, and from there spilling over to one's
surroundings; a revolution of cellular kisses
that kneads the body with different substances;
here the loveglands would not be like pillows
but more like bread rolls releasing their baking
aroma when heated in one's own body, like

contaminada por los gases de la vida cotidiana; los bollos
glandulares producen una renovación de los tejidos y
desde allí determinan el proceso de percepción en el
sentido de la emoción con que se recibe el estímulo; si el
cuerpo está dispuesto por las glándulas del amor a tamizar
los estímulos con olor a pan, entonces la percepción será
más bien plácida, y las respuestas destilarán también
las emanaciones de tibieza que se expanden entre las
personas cuando huelen el pan horneándose; pero a la
vez se desencadenará un proceso similar en los cuerpos
de los que reciben el aromático estímulo

the fleshiness and warmth of a newborn baby
unpolluted by the fumes of everyday life; these
glandular bread rolls regenerate tissues and
dictate the receptive process regulating one's
openness to stimuli; if the body, due to the
loveglands, is willing to sieve the bread-scented
impulses, then receiving them will be placid
and this response will trigger a flow of warmth
between people when they smell the baking
bread; those receiving the aromatic stimulus
will also experience a similar process

las glándulas del amor no sólo destilan amor pasional;
es un tipo de energía que tiene más que ver con la
autocomplacencia del sueño profundo en estado de
dicha; las glándulas del amor tienen la consistencia
del tejido cavernoso de las esponjas cuando están en
el agua; las esporas permiten que el agua las traspase;
de la misma manera, una energía cálida atraviesa
las glándulas del amor, como miles de ojos que
estuvieran parpadeando de placer; la corriente no es
pringosa ni pegajosa como la miel o el néctar de las
flores, tampoco como el polen que se pulveriza en los
estambres; es un tejido de terciopelo que se extiende
atravesado por millones de bocas que se besan a sí
mismas, no beso en sí, o el acto de besar, sino la
sensación de recibir y de dar el beso simultáneamente
en escala infinitesimal; en la imposibilidad de la

loveglands not only distill carnal love, their
energy has more to do with the self-indulgence
of deep sleep in a state of bliss; their consistency
is like the cavernous tissue of sponges in water;
spores allow water to pass through them;
likewise, a warm energy moves across the
loveglands, as if thousands of eyes were blinking
in pleasure; the current is neither clammy nor
sticky like honey or the nectar of flowers, it is
not like pollen that pulverizes on the stamen
either; it is a velvet tissue that extends itself
crisscrossed by millions of mouths kissing each
other, not the kiss in itself, nor the action of
kissing, but the sensation of giving and receiving
the kiss simultaneously on an infinitesimal
scale; in the impossibility of kissing oneself in

reversión del besarse a sí mismo hay suavidad, tersura,
delicadeza de harina finamente molida, el algodón
y la seda serían materias ásperas en comparación

return there is softness, smoothness, and the
delicateness of finely ground flour, cotton and
silk are harsh materials in comparison

si los órganos parecen flores, por qué no pensar
en las glándulas del amor como gladiolos,
caléndulas, orquídeas, caliolos, campánulas, una
flor desconocida que necesita de la sangre humana
para nutrirse; crece en la oscuridad más absoluta
y una vez que ha alcanzado completo desarrollo se
estabiliza para siempre; a veces, cuando cae uno
de sus pétalos, el viento lleva su perfume y por un
complejo intercambio de fluídos que se realiza en
niveles que la glándula no puede comprender, ya sea
por azar o por milagro, en la superficie cavernosa
en la que crece, aparece una pequeñísima glándula
que llegado el momento propicio se desprenderá del
campo de influencia; de esta manera, las glándulas
se perpetúan; aunque nadie nunca ha visto un ramo
de glándulas, su perfume ha llegado a enloquecer a

if the organs look like flowers, why not think
of loveglands as gladiolas, calendulas, orchids,
daffodils, or campanulas, an unknown type
of flower that feeds on human blood; it
grows in the utmost darkness and stabilizes
permanently once it has fully developed;
often, when a flower petal falls, the wind
disseminates its aroma and due to a complex
exchange of fluids that takes place at levels
beyond the gland's comprehension, by chance
or miraculously, a minute gland appears which
will release itself from the field of influence;
this is how glands perpetuate themselves;
although no one has ever seen a cluster of
glands, their scent has driven mad even those
who barely intuit their existence; like some

quienes intuyen su existencia; como aquellos seres
de formas oníricas que se mueven pesadamente en
las gélidas profundidades del mar y de repente son
iluminados por un laboratorio submarino, así las
glándulas se sorprenderán ante la llegada del aparato
sub-humano que busque encontrarlas; glándula tras
glándula tras glándula, formarán con la especie ignota
de las medusas, un nuevo tipo de flora y de fauna
que no se percibe a través de los sentidos sino por la
azarosa coincidencia entre lo que fue y lo que será

beings of dreamlike shapes that trudge across
the icy depths of the ocean and are suddenly
lit up by an underwater lab, the glands will
be surprised by the arrival of the subhuman
device searching for them; gland after gland
after gland, they will form a unique species of
sea anemones; a new type of flora and fauna
that cannot be perceived by the senses but
instead by the random convergence of
what has been and what will be

las emanaciones de las glándulas del amor superan
el sentido del olfato porque el cuerpo ya no es sólo
una masa de órganos y tejidos organizados según
el esqueleto, sino más bien un núcleo emisor de
sustancias perfumadas que se extiende en un radio
mucho mayor de lo que se ha concebido como
el aura; es ahora que los cuerpos son vistos como
masas indeterminadas de una sustancia etérea cuyos
bordes son movibles, como los límites imprecisos de
una bandada de pájaros o las nubes de mosquitos
que en eterno movimiento mantienen una forma
cambiante; así, lo que vemos como el cuerpo y
hemos representado de acuerdo a los miembros
que lo componen sería en realidad el soporte
de una sustancia invisible que transforma al ser
humano en una medusa unicelular cuyo centro es

what the loveglands release surpasses the sense
of smell since the body becomes more than a
mass of organs and tissues organized around
the skeleton, it becomes a emitter of fragrant
substances that reaches a radius far beyond
what has been conceived of as the aura; here
bodies are seen as indeterminate masses of an
ethereal substance with movable edges, like the
fuzzy limits of a flock of birds or the clouds of
mosquitoes that moving constantly maintain
a changing shape; hence, what we see as the
body and have represented in accordance
with the organs it contains would in fact be
the support of the invisible substance that
transforms a human being into a single-cell
sea anemone whose center is minute when

ínfimo en relación a la sustancia que lo envuelve;
de esta manera, las relaciones se establecen por
las afinidades o rechazos que realizan los bordes,
como si en los bordes de la sustancia etérea
hubieran millares de órganos de percepción
que condensaran en sí mismos y potenciadas las
capacidades perceptivas que conocemos con el
intelecto; a pesar de que los cuerpos se mantienen
a una distancia considerable cuando los bordes
se rozan, o bien se atraen y se funden en una sola
sustancia etérea estableciendo una sonata de besitos,
o bien se rechazan y se retraen como las aguas vivas
cuando deciden cambiar de rumbo; no hablo del
instinto como sustancia etérea, sino más bien de
la percepción del cuerpo como esos dibujos de las
células en donde aparece un núcleo, después algo
así como la albúmina, y luego un borde irregular
que tiene la capacidad de ser flexible, de modo
que puede establecer relaciones osmóticas con
otras células; si percibiéramos nuestros cuerpos

compared to the substance surrounding it; and
so relationships are established according to
the affinity or rejection between the edges, as
if there on the edges of the ethereal substance
existed thousands of perception organs that
in themselves condensed and multiplied the
perception skills known to us as the intellect;
despite the bodies being at a considerable
distance when the edges come in contact, these
can attract each other and fuse into a single
ethereal substance generating a sonata of slight
kisses, or they can reject each other and retract
as jellyfish when they decide to change course;
i'm not referring to instinct as the ethereal
substance, but rather to perceiving the body as
one of those drawings of cells with a nucleus,
then something like the albumen, and then an
irregular edge that is flexible so as to establish
osmotic relationships with other cells; if we were
to perceive our bodies like this they might look

de esta manera los veríamos tal vez como cuando
flota el jabón sobre el agua caliente y mantiene
esa consistencia movible formada por células de
distintos tamaños, una tela tan sutil que embriaga
con la reverberancia de sus colores traslúcidos; así,
los cuerpos se conectan, con la diferencia de que
no se destruye la tela que se ha formado con la
presencia de algún obstáculo; por el contrario, la
tela transparente de sustancia etérea que forman
las relaciones entre los bordes se reconstituye
permanentemente, creando un caleidoscopio no
geométrico de relaciones, como una colonia de
esponjas en el fondo del mar; si la constitución
mayor de la parte dura del cuerpo es de agua, la
sustancia etérea que lo rodea está formada por un
porcentaje de humedad y por otro de sustancias
secas; la combinación de ambas produce un aroma,
que sólo puede percibirse a través del sistema
glandular; no es como se piensa corrientemente
que el cerebro controla las glándulas, sino que por

to us like soap floating in hot water and keeping
that movable consistency formed by cells of
varying sizes, a fabric so subtle that it intoxicates
one with its reverberating translucent colors; it
is like this that bodies touch, the only difference
is that the resulting fabric cannot be torn by
the presence of an obstacle; on the contrary,
the transparent fabric made of the ethereal
substance produced by the edges' contact is
constantly being regenerated, it creates an non-
geometrical kaleidoscope of relations, like a
colony of sponges at the bottom of the ocean;
if water constitutes the majority of the body's
solid parts, the ethereal substance surrounding
it is made of a percentage of moisture and
another of dry matter; their combination
produces a scent that can only be perceived
through this glandular system; it is not that
the brain controls the glands, as is commonly
thought, but rather that the glands control

el contrario, las glándulas controlan el cerebro y el
sistema vegetativo; cuando una persona tiene lesiones
en el cerebro y está inconsciente, las glándulas
siguen emitiendo sus sustancias, y la única forma de
conexión se produce a través de la sustancia etérea;
el orgasmo, un fenómeno todavía no explicado por
la ciencia, es una condensación de la sustancia etérea
en el propio cuerpo; durante el acto sexual se funden
los límites osmóticos entre dos seres; esta fusión
que no implica necesariamente la presencia de otro
cuerpo, desencadena un proceso de intercambio
de sustancias etéreas más profundo y más extenso
al punto en que llega el momento de la vorágine
donde se genera una reacción en cadena que retrae
la sustancia hacia el cuerpo; de allí la sensación de
estallido celular que produce el reconocimiento de
que ésa es la sustancia constitutiva del organismo,
el reconocimiento gozoso de nuestra verdadera
naturaleza; el orgasmo es la prueba de que la
sustancia etérea nos constituye y nos desborda

the brain and the vegetative system; when a
person is unconscious due to brain injuries,
glands keep releasing their substances, and
the only form of connection is through the
ethereal substance; the orgasm, to this day a
phenomenon unexplained by science, is the
condensation of the ethereal substance in the
body; during sexual intercourse the osmotic
limits between two beings merge; this fusion,
which does not necessarily involve the presence
of another body, unleashes a process involving
a deeper and more prolonged exchange of
ethereal substances which culminates in the
vortex triggering a chain reaction that sucks
the substance back into the body; and so the
sense of a cellular explosion causing one to
realize that this is the substance that makes up
the body, the blissful realization of our true
nature; an orgasm is proof that the ethereal
substance constitutes and overflows us

como la orquídea que espera paciente la llegada
del moscardón que habrá de fecundarla, un viento
inesperado hace abrir la flor de los aromas y las
glándulas comienzan a segregar sus efluvios para
que a distancias siderales el moscardón perciba en
los perfumes de la noche la sustancia que ha de
intoxicarlo; con la llamada del instinto vuela sin
conocer el rumbo de su azarosa travesía hasta que
llega al lugar de la cita; ahí, más allá de las esencias
y de las circunstancias, envueltos en la esfera
perfumada, copulan sin saberlo, porque no son sus
cuerpos que se estrechan y se tocan, sino la sustancia
etérea que los desborda y los contiene; como dos
autómatas guiados quién sabe por qué designio
desconocido, los cuerpos se juntan nuevamente, para
disolver las partículas que los separaron en primera

like the orchid patiently waiting for the bumble-bee that will pollinate it, an unexpected wind causes the flower of scents to burst open and glands begin to secrete their effluvia so the bumble-bee at celestial distances may perceive, amid the night's fragrances, the intoxicating substance; at the call of instinct it will fly unaware of the destination of its random journey until arriving at the site of the encounter; there, beyond essences and circumstances, wrapped in the scented sphere, they mate unknowingly, because it is not their bodies that embrace and touch, but the ethereal substance that overflows and contains them; like two automatons guided by who knows what obscure purpose, the bodies unite again so as to dissolve the particles that

instancia, de manera que el perfume invisible
que alguna vez los había unido, ahora se sella en
el abrazo invocado por las glándulas del amor;
hay vientos que expanden los olores, densidades
atmosféricas particulares, niveles de humedad que
se maceran en el punto de ebullición justa; sólo el
azar determina que las condiciones sean las precisas,
el azar y el grado de maduración adecuado

had separated them in the first place, so that
the invisible scent that once united them may
now seal the embrace dictated by the loveglands;
there are winds that spread scents, peculiar
atmospheric densities, humidity levels that
condense at the exact boiling temperature; only
chance determines that conditions be optimal,
chance and the adequate degree of ripeness

los pétalos furiosos

the furious petals

The guide is the fountain of life, Bahu,
arrayed in my every cell.

Sultan Bahu

baja, baja la marea en la indeclinable calidez de
un cuerpo que se escapa a los efluvios del idioma
para derramar en sus miradas la lenta sujeción
a una torpeza; con los ojos extraviados, con la
misma pusilánime alegría de los jóvenes que
avientan el placer en sus espaldas arqueadas, así
sonríe la que no describe ya en sus senos el dulzor
de otros tiempos; cuando el cuerpo transfigura
su codiciada geografía, ignotas zonas se recubren
de sustancias que habrán de confundirlo; un
recóndito paraje de la mente diseña estas figuras,
un gesto elemental como el cuchillo; como si
el tiempo no hubiera transcurrido, el paisaje
superpone sus figuras a la sórdida lectura de
los hechos; crudamente, el deseo se revierte en
otros gestos, otra es la instancia que se presta a

down, the tide goes down in the irresistible
warmth of a body that escapes language's effluvia
so as to rid itself, by looking, of its gradual
submission to clumsiness; with absent eyes, with
the same reticent happiness of the young who
throw pleasure onto their arched backs, she who
can't trace the tenderness of past times on her
breasts is able to smile; when the body alters its
coveted geography, unknown parts are coated
by substances that shall confuse it; an area at
the end of the mind designs these figures, a
gesture as elemental as the knife; as if time had
never passed, the landscape superimposes its
figures over the sordid reading of facts; bluntly,
desire slips back to other gestures; another is
the instance that allows for the void to be filled

que el vacío se cubra de horizontes, el lado oscuro
no proyecta su luz ensordecida; en cambio, los
jugos de la carne se agotan en deseados desatinos
y es el habla que cubre de sentidos los besos que
jamás serán rendidos; no destruyas el abrazo en
las pestañas ni las caricias que con voces sugerías;
ahora bien, mientras las flores silvestres ofrecen
su hermosura al horizonte, una flor se atreve en el
campo desechado; nada impedirá que en su corola
se extinga el resplandor de su belleza; mas la sombra
de la noche agregará matices a su encanto y la
pálida superficie de la luna tenderá en sus pétalos
furiosos el encanto vegetal de abrazos y suspiros; no
respondas, hembra poderosa, al azaroso fragor de
tu extravío; abre las miradas al ocaso, como si en la
vida todo fuera ocaso y no registro imperfecto de los
días; si la sangre no mana de tu cuerpo glorioso y
los ardores de otros tiempos se subsumen en favores
perdidos, no sientas que la fiebre que te embarga
será hondo cadáver en tu cuerpo trasnochado

by horizons, the dark side shall not project its
deafened light; instead, the juices of the flesh are
spent in desired blunders and it is speech that
covers up with senses the kisses that will never
be delivered; don't break the eyelashes' embrace
or the caresses that your voices insinuate; now,
as wild flowers offer their beauty to the horizon,
one flower dares in the cast off field; nothing will
stop her corolla's beautiful glimmer to extinguish
itself; yet the night's shadow will add subtlety
to her charms and the pale surface of the moon
will place in her furious petals the plant-like
delight of sighs and embraces; do not respond,
tough female, to the random uproar of your
displacement; open your eyes to dusk, as if in life
it were all dusk and not imperfect register of days;
if blood doesn't flow from your glorious body and
the flames of other times become subsumed in
lost favors, feel not that the fever that overcomes
you is a corpse deep inside your weary body

la sustancia de una vida en la indiscriminación, en
el borronamiento, en un sudado que puede tener
una solución inestable, pero nunca perenne; y la
muerte señalada, quién sabe en qué lugar de las
células en constante movimiento, o en la tierra
que descompone los órganos para que crezcan las
flores en los bordes de las tumbas; estas margaritas
son el residuo químico de tus humores, en esta
hoja de pensamiento hay una partícula de tus
ojos, o de tu voz perdida ahora con la tarde. ¿de
dónde viene la pregunta? ¿de qué manera se
alinea la simultaneidad enfática de las atracciones
somáticas con los ideales desenfrenados, o con
la rutina superpuesta a la ambición? mentirse
o saber son las opciones y una serie de capas
intermedias en donde el empeño es una empresa

the substance of a life is in randomness,
in the erasures, in the unstable but never
perennial solution of sweat; and the death
signaled in who knows what part of the cells
in permanent movement, or in the earth
where organs decompose so that flowers
may grow at the edges of graves; these daisies
are the chemical residue of your secretions,
in this leaf of thought there is a particle of
your eyes, or of your voice now lost with the
afternoon, where does the question come
from? how does the extreme simultaneity of
somatic attractions line up with ideals, or with
the routine superimposed on ambition? self-
deception and awareness are the options as well
as a series of in-between layers where resolve is

insobornable: quebrar la resistencia de las tumbas
que ordenadas en filas militares cubren los
campos santos de esculturas funerarias

an unwavering endeavor: to break the resistance
of tombs that cover cemeteries with funerary
sculpture organized in military rows.

si el estadio de los días esconde la constancia de
un amor perdido por la muerte, es la tristeza del
olvido involuntario la que recuerda su extinción;
si importa más la mentira que la muerte, es
porque la vida se interpone para evitar que la
muerte todo lo destruya con su sombra omnívora,
y con una destreza que dilata el dolor que no ha
querido revelarse, se abre de repente el torrente
como una catarata que asocia muertes dispares y
sonoras; restablecimiento absurdo que confunde
el dolor con la tristeza; se pasará el día como todos
sin que en la nada se simule que se vive; se vive
así, como en vigilia, con los ojos aguzados por
un sol muy fuerte, con la constancia asombrosa
de que el agua sobre el río se desliza con mayor
eficiencia que la vida que va de cuerpo a cuerpo;

if the cycle of days hides the persistence of
the loss of a deceased love, it is the sadness of
involuntarily forgetting that recalls the vanishing;
if the lie matters more than death, it is because
life intervenes to prevent death from obliterating
everything with its omnivorous shadow, and with
a deftness at delaying the pain not ready to reveal
itself, all of a sudden the deluge breaks loose, a
waterfall linking unequal and resonant deaths; an
absurd recovery that confuses pain with sadness;
this day will be spent like all others, in the void,
without simulating that one lives; one lives like
that, as if sleepless, with the eyes sharpened by a
piercing sun, with the astounding certainty that
water flows more efficiently on the river than
life going from one body to another; bodies keep

van cayendo los cuerpos en la inmanencia de
un líquido pringoso; se acentúa en los rasgos el
asombro de lo grave, recrudece en las manos un
saber no pronunciado; cae como un durazno
maduro el cálido perfume, mientras las abejas
golosas se embriagan con los deshechos de la vida

falling into the immanence of a sticky liquid;
the awe that the grave inspires becomes
accentuated in one's features, in one's hands
an unuttered knowledge deteriorates; the warm
scent falls like a ripe peach while gluttonous bees
become inebriated with life's remains

cuando la flor se abre al pensamiento inquieto de
las cosas un lenguaje celular sale de las porciones
más recónditas en una concatenación de sonidos
materializados en procesos químicos que no
pertenecen en esencia al cerebro sino a la conexión
entre las terminaciones y los tejidos; la emoción,
como un cable que se encabrita en la noche de
tormenta, emite chisporroteos peligrosos, por ser
lo inanimado de repente anguila luminosa, dragón
fosforescente en la noche azulada y látigo de luz;
en ese proceso de sinapsis en donde el destello
renueva las señales, los sonidos de lo inorgánico
cumplen su función renovadora; agapantos,
rabdomantes, planetario, molecular, reticulado,
caversnoso; cadenas de sonidos que estampan el
milagro de transformar una sustancia en otra

when the flower opens its thoughts to the
restlessness of things a cellular language bursts
from the most distant portions of a chain of
sounds materialized in chemical processes that
in essence do not involve the brain but the
connection between the ends and the tissues;
emotion, like a cable charged in an evening
storm, emits dangerous sparks as the inanimate
suddenly becomes electric eel, phosphorescent
dragon in the cerulean night, whip of light; in that
synaptic process in which the spark renovates the
signals, the sounds of the inorganic fulfill their
reinvigorating function; honeysuckle, water-diviner,
planetary, molecular, entwined, cavernulous;
chains of sounds imprinting the miracle of the
conversion of one substance into another

si la mano de la historia me lleva hacia los
galpones del rumor, por qué buscar hechizos
o encantamientos por amor a las palabras que
habrán de sanar zonas aquejadas por la pasión
o por la envidia o por la desolación del cuerpo
que vive y late y empieza a comprender la
inevitabilidad, como si la poderosa belleza de un
sonido repetido hasta el desgaste desencadenara
en los conductos liminares una resonancia
más lejana que la voz, ecos que rondan donde
ninguna luz se emite, salvo a veces, el resonar
de las dendritas cuando esparcen su estática
sonora, la noche inusitada debajo de la piel;
humores que se desplazan por vías conocidas
a veces salen, como si no tuvieran vida propia,
como si no fueran sus esencias las que invocaran

if history's hand leads me to the dwelling
place of rumor, why seek magic charms or
spells for the love of words expected to cure
those areas afflicted by passion or envy or the
desolation of a body that lives and palpitates
and begins to understand inevitability, as if the
commanding beauty of a sound repeated until
it disintegrates could set off, in the liminal
conduits, a resonance more distant than the
voice, echoes circulating where no light is cast,
except sometimes, when the crackle of dendrites
spreads their acoustic static, and night is
astonishingly skin-deep; bodily fluids that rush
through the known channels sometimes ooze
forth, as if they didn't have a life of their own,
as if their essences weren't the ones invoking

sus perfectos movimientos; ah! si conocieras la
química sustancia, pero menos que eso, más acá,
si conocieras la íntima sustancia que te habita,
que mueve las células perceptibles y las que
no se deben percibir, pero allí están, inocuas,
bordeando la materia que moldea tu cuerpo
subyugado; oh sí, la sustancia de las hojas, o de
un agua que beberías para que la eternidad y
no la suerte se implante en tus neuronas; alma
que se retrae hacia la noche intelectual que te
rodea; un vacío surge allí que te delata, mientras
los músculos emergen desnudos confiando en
la memoria de tus manos; nunca, pero nunca,
extiendas tus brazos hacia el límite; la extensión
de tu cuerpo se reduce a la distancia de tus brazos,
a la altura de tu cuerpo; como si nada fueran los
sentidos, no es tu mente, así, la que gobierna, es la
alquimia de las aguas que das de beber a los perros

their perfect stream; ah! if only you knew the
chemical substance, but even less, somewhat
closer, if you knew the intimate substance that
dwells in you, that moves the perceptible cells
and those one ought not perceive, but there they
are, harmless, on the edge of the matter shaping
your subjugated body; oh yes, the substance of
leaves, or of a liquid that you would drink so that
eternity instead of fortune became rooted in your
neurons; a soul that withdraws to the cerebral
night around you; a void that betrays you appears
there, while muscles emerge nude trusting your
hands' memory; never ever extend your arms
to the limit; your body's extension is simply the
distance between your arms at the level of the
rest of your body; as if your senses were nothing,
it is not your mind, then, which leads, it is the
alchemy of water you give the dogs to drink

la vida en las ciudades, en el reino de los hombres
es un conducto inoportuno para las veleidades
salvajes que te inundan; quebrar en el ángulo
perfecto del idioma y en las huellas de la sangre
ese pacto que nunca las abejas comprendieron;
oh hambre que construye innúmeros regocijos
tenebrosos! allí se encuentra la espesura; cuando
la indeclinable belleza del ansia te circunda, ábrese
un torrente que circula por tus venas; allí la flor se
nutre del estiércol para que en tu frente se suavice
la grieta del deseo; ¿qué sabes acaso de la selva?
¿conoces sus entornos, la incipiente veta de los
árboles, el eficaz chillido de los monos, el sibilante
andar de los insectos? nada sabes, tú, de lo que
llama; la selva es para ti un zumbido de verde
parloteo, la veraz exactitud de las palabras y no el

life in the city, in the confines of men, is a lacking
conduit for the wild daydreams overwhelming
you; to break that pact never understood by bees
in the perfect angle of language and the tracks
of blood; oh hunger devising myriads of sinister
thrills! the thickness is there; when the irresistible
beauty of anxiety surrounds you, let open the
gush flowing in your veins; there the flower feeds
on manure so that the crack of desire can soften
on your forehead; what do you know of the
jungle? do you know its environs, the incipient
line of trees, the monkeys' effective shriek,
the sibilant pace of insects? you know nothing
of what calls; the jungle is the buzz of a green
chatter, the truthful exactitude of words and not
the stench trapped by the orchids; jumble your

hedor que atrapan las orquídeas; revuelve en tus
cimientos celulares, abre los ojos, mira las especies,
toca la espesura, agranda en tus extremos el sentido
del tacto; no es en el agua que el sonido se disuelve;
es en las matas, donde crecen las serpientes

cellular foundations, open your eyes, look at
the species, touch the thickness, amplify sense
of touch at the ends of your body; it is not in
the water where sound dissolves; it is in the
thicket, where serpents are growing

a Lucrecia Martel

la ciénaga imita la sustancia que te envuelve cuando
la mano no alcanza a imaginar las consecuencias,
como la rosa que se enfrenta a la jauría, mostrando
los dientes, o como el árbol que en invierno
extiende sus ramas cada vez más afiladas para
alcanzar el aire que habrá de alimentarlo; han
caído las hojas, el árbol entra en estado de latencia,
sin embargo la forma se mantiene en perfecta
circularidad, como queriendo abarcar más espacio;
esa extensión se llama edad; pero hay oleadas
ponderando otros circuitos, oleadas que recorren
el cuerpo en su búsqueda de qué? estar allí, en ese
lugar, y ahora la extensión de zonas sumergidas
no responde al panorama; mirar para atrás en
un despliegue temporal del sentido, mientras la
superficie se resquebraja como un vidrio de gelatina,

for Lucrecia Martel

the mire imitates the substance that envelops
you when the hand isn't able to imagine
consequences, like the rose confronting a pack
of dogs showing their teeth, or like the tree
that in winter extends its ever more pointy
branches so as to reach the air that will feed
it; leaves have fallen, the tree is dormant,
yet its shape is a perfect circle, as if the tree
wanted to take over more space: the name of
this extension is age; but there are waves of
pondering other circuits, waves rippling across
the body in search of what? to be there, in that
place, and now the length of the sunken zones
is out of synch; to look back in a temporal
display of meaning, while the surface cracks
like glass made of gelatin, or like salt mines of

o como las salinas de absoluto resplandor; sal
que viene del cuerpo en agua, erupción oceánica,
sustancias que el cuerpo adora o rechaza en su
mera fragancia puntillosa; y aunque no lo quieras
es la hipófisis la madre de todas las glándulas,
ciénaga que atrapa en las pulsiones y se somete
a sus más lánguidos deseos incestuosos, al fulgor
de los olfatos, a la gravidez de la guarida

total resplendency; salt that comes from the
body in water, oceanic eruption, substances
the body adores or rejects for their punctilious
fragrance; and whether you like it or not the
hypophysis is the mother of all glands, a mire
that traps all drives and submits to its own
faint incestuous desires, to the splendor of
scents, to the density of the den

Translated by Mónica de la Torre

malvas orquídeas del mar

mauve sea-orchids

Because each one of those seas was
not here more than a day.

Marcel Proust

sin palabras la lluvia extiende su parpadeo entre
las flores; lento el cuerpo se arrastra hacia el
estado que jamás debió dejar, liso como el agua
que chorrea en la madera se adhiere a la lisura
que lo acoge; allí, entre respiraciones y quebrantos
se deja llevar hacia lo ignoto, no sabe si indómita
locura, amor divino o exorcismo; abierta en su
máxima extensión, como una mandrágora en la
noche de los tiempos, palpa la compacta superficie
que la envuelve; no hay materia que domine la
dimensión del intercambio en que ya ni cuerpo
se requiere; una masa que conforma no un color
o una textura, sino más bien el aire inabordable
que extiende el globo a su existencia; masa que en
la secuencia se aminora y se condensa en bollos
que hierven borboteando; abre los brazos para

without words, the rain blinks through the
flowers; the body drags itself slowly to a state it
should never have abandoned, smooth like water
dripping on wood, it adheres to the smoothness
around it; between breathing and affliction, it
allows itself to be drawn to the unknown, be it
uncontrollable madness, divine love or exorcism;
spread open completely, like the primaeval
mandrake, she feels the compact surface that
surrounds her; there is nothing that governs the
measure of this exchange in which not even the
body is needed; a mass shaped not by color or
texture but the impossible air that expands the
globe into existence; a mass that in succession
gets smaller and becomes condensed into rolls
that boil and rise; she opens her arms so nothing

que nada de ella quede, nada quede de ese fulgor
amarronado; limpia así de su propia sepultura,
abraza la constancia de una incrédula energía
que se acerca en el oxígeno; vuelve a palpar y ya
nada entiende, su mente desconfía y sus manos
la apresuran a una voz que la dirige ¿quién es? ¿de
dónde viene? ¿qué le pide? pide lo que en azul
cadencia se avecina, pide cuerpo abierto entre
las aguas, entre el aire propulsor de maravillas,
pide un abra en las distancias, el horizonte entre
los árboles rendido, pide la raja en la llanura, el
ansia en los estuarios, la lengua en la saliva, las
hordas en los pelos, el vapor que se mece entre las
piernas y el perfume desatado en las cornisas; es
una superficie que refracta, la vida que se ha ido
sin cadencia, sin forma ni atributos, sin camino,
sin pies, sin manos, ni abierto corazón, ni aire
blando; es la vida que se ha ido sin la vida, sin
un beso en las mejillas, sin abrazo necesario, sin
calor, sin presiones que lo formen o acomoden,

of her is left, nothing of that brownish glow;
clean from her own tomb, she embraces the
constancy of incredulous energy approached in
oxygen; she continues to touch and then nothing
is understood, her mind is wary and her hands
impel her towards a voice that asks her, who is it?
where does it come from? what does it want? it
wants what is approaching in the blue cadence,
it wants a body spread open in water, in air,
propeller of miracles, it wants an opening in the
distance, a rendering of horizon among the trees,
it wants a crack in the flatness, longing in the
estuaries, the tongue in saliva, the hordes in the
hair, the mist that rocks between the legs and
the perfume cornices release; it is a refracting
surface, a life that has left without cadence,
without form or attribute, without path, without
feet, without hands, nor open heart or gentle
air; it is life that has left lifeless, without a
kiss on the cheek, without needed embrace,

sin presencia tutelar ni piel tejida, sin partículas
de sombra y de textura, sin destello animal en sus
heridas, un aire que no ha sido aprovechado, un
alma que circunda entre las aguas; lamenta este
vagar sin consistencia, fantasma que atestigua
su tristeza, su dolor ante el empeño no vengado,
su hambre de caricias enlazadas; es un líquido
precioso la existencia, late un organismo asoma
un ojo, parpadea, brotan sustancias de las redes
¿quién anuncia el resplandor vistoso de lo vivo? de
su hedor se perfuman las palabras; nada hay en el
universo que pueda repetir su asombro; se sosiega,
se sosiega con el agua derramada; resulta que el
sonido apacigua su semblante y ya nada queda
del espacio que la aturde, nada que se atreve a
enlodar su brazo en las palabras, asomo de
barro en la picadura que arde entre los yuyos

without warmth, without pressures to form or
accommodate it, without tutelary presence or
woven skin, without the glint of animal in its
wounds, breath not taken in, a soul circling in
the water; she laments this aimless wandering,
phantasm that testifies to her sorrow, to the pain
of unrewarded resolve, to caress-woven hunger;
existence is a precious liquid, an organism beats,
an eye appears, it blinks, substances spring
forth from nets: who announces the living's
spectacular radiance? its stench perfumes
words; nothing in this universe can mimic its
wonder; she lulls, lulls herself to waters spilling;
the sound appears to calm her semblance and
nothing is left of the space that confuses her,
nothing that dares muddy her arm with words,
salve for the sting that burns among weeds

si hay camino son las sombras evitadas como
helechos creciendo entre los bosques; una vida
que no ha sido se retrae a la humedad de las
termitas; nadie habla ya de los efluvios sustraídos,
se lamenta, se lamenta, se lamenta el cuerpo
mientras lame la herida que no cierra; abre la
boca, circula el aire y en ese pozo se instala la
constancia de que las sombras no habitadas son
a veces necesarias para disipar la vida; aunque ese
cuerpo la acecha por las noches y se acomoda en
su pecho en borboteos apretados, comprende que
la luna se negó a ser coherente con su historia;
bajó hasta los codos su amargura y allí se decantó
su cobardía; pero este lenguaje de zozobra ya no
la dictamina, como si el agua hubiera disuelto
su premura; es ahora la instancia de los cuerpos

if there is a path they are shadows avoided like
ferns growing in the forest; a life that has not
been takes refuge in the dampness of termites;
no one talks anymore of the cleared effluvia,
she mourns, mourns the body, mourns while
licking the wound that won't close; she opens her
mouth, air circulates, and in that gap is proof that
uninhabited shadows are sometimes necessary in
order to dissipate life; although that body threatens
her at night and settles a bubbling cluster in her
chest, she understands that the moon refused to
cohere with her history; bitterness sank to her
elbows and there she decanted her cowardice;
but this language of worry no longer sentences
her, as if the water had released the pressure; it
is now the instance of exact bodies that enlists

exactos la que inscribe su templanza; limpia
con la blanca pluma de una gaviota la arritmia
del estruendo, blanca en su fina contextura de
bambú; abre, piensa, expande en la caricia su
escarmiento; no era necesario tanto asombro
aduce ahora, que su pena comienza a perdonarse

her temperance; with a seagull's white feather,
she cleans thunder's arrythmia, white in its
fine contexture of bamboo; she opens, thinks,
expands her punishment in the caress; she proves
such fretting unnecessary, now that the pardon
of her sentence has begun.

la línea del horizonte, en su impresionante limpieza
desata con precisión el pensamiento de lo efímero,
aunque así, en ese bamboleo que no cesa, un
sentido de la enfermedad y la salud emerge de las
olas para proyectar la comprensión evanescente,
como si la salud y la enfermedad estuvieran allí
en la disolución y en la forma, en el arabesco que
se desenrolla en las profundidades de los genes,
en el enredo repentino de las células o en el
misterio que avanza solapadamente en el infinito
embrollo que nos constituye; casi entender que
hay una coherencia y ver con precisa claridad que
pone aún más verdes los ojos, más transparente la
inabarcable certeza de las olas en la orilla, donde
cuerpos como el tuyo y el mío se desintegran en
la sucesión de las horas para formar la dorada

the edge of the horizon, in its impressive
cleanness, with precision unleashes an ephemeral
thought, even still, with this, in that endless sway,
a sense of illness and health emerges from the
waves to project an evanescent understanding,
as if health and illness were there in dissolution
and form, in the arabesque unwinding itself in
the depth of the genes, in the sudden tangle
of cells or in the mystery that slyly advances
in the infinite confusion which forms us; to
almost understand that there is a coherence
and to see with such precise clarity that it makes
the eyes even greener, the vast certainty of the
waves on the shore more transparent, where
bodies like yours and mine in the passing hours
disintegrate to form the sand's golden surface;

superficie de la arena; llegar a un punto o a un
acuerdo, o a un pacto, o recién a un preguntarse
hacia dónde o hacia qué, para qué o cuándo, o los
deseos o la nada, y nuevamente los deseos y decir
que sí a lo que emana y no al cubículo absurdo
de lo propio cuando la comprensión es más
insostenible, o cuando la aceptación aterroriza en
su insondable transparencia; extenderse como el
árbol al máximo derrotero de las ansias, un brazo
se impulsa hacia los aires, los dedos estirados en su
inconmovible extensión, tensado el cuerpo como
un arco, en todas las direcciones, brazos y piernas
se elongan en el agua, altitud y profundidad en
la superficie, a flote en la rítmica inhalación y
expiración del deseo, del número, de la distancia,
de la cabeza sumergida entre el verde y el celeste,
entre la multitud de burbujas y el sonido gutural,
que sale no ya de la garganta sino de una zona que
no logra definir; máquina, motor, paleta, remo,
brazo que se estira, pierna que se hunde, cuerpo que

to reach a point or an agreement, or a pact,
or a recent self-questioning as to where or to
what, for what or for when, if desire or nothing,
and once again desire, and to say yes to what
emanates, and to say no to one's own absurd
cubicle when understanding becomes more
untenable, or when acceptance terrorizes with
its bottomless transparency; to stretch oneself
like a tree towards anxiety's major route, an arm
punctuating the air, fingers spread in assured
extension, the body like an arrow tensioned in
all directions, arms and legs elongated in water,
altitude and depth on the surface, floating
in the rhythmic inhalation and exhalation of
desire, of the number, of distance, of the head
submerged between the green and celestial, in
the multitude of bubbles and guttural sounds,
that comes no longer from the throat but from
a vague zone; machine, motor, blade, oar, arm
that stretches, leg that sinks, body that slides

se desliza en la sucesión de un líquido plateado,
ojos semicirculares, el aire extenso que su cuerpo
expulsa, como si una sincronía milagrosa de todos
los términos diera lugar al movimiento: rasguño
del agua, veta en la corriente, plácida ranura en
la membrana líquida del cielo, potente animal
sincopado, aturdimiento dócil, frecuencia sesgada

in a progression of silver liquid, semi-circular
eyes, immense air that the body emits, as if the
miraculous simultaneity of all the elements
made movement possible: water scratch, seam
in the current, placid groove in the sky's liquid
membrane, potent syncopated animal, docile
bewilderment, oblique frequency

la lagartija apunta sus ojos dorados a las piedras
que en años serán arena, y pasa el viento entre
las aguas de la vida; un episodio la sorprende en
el resplandor de las hortensias mientras enrolla
la manguera como una víbora que se repliega
después de incitar la tentación; así, en lo más
brutal, se hacen sentir las vibraciones, aún en
la edad en que los cuerpos se retractan de sus
súbitos antojos; es un deseo tal vez incontrolable
de atraer, de rechazar, más bien el sentido está en
tender las redes, como el deslizarse en la superficie
del agua rozando el resplandor cercano de las
rocas, un cosquilleo remoto que no alcanza a dar
el sentido del avance hacia la desembocadura en
la que mar y correntada se dan su continuo abrazo
de rechazo y atracción; dejarse llevar por el sentido

the lizard aims its golden eyes at the rocks
that in time will turn to sand, and the wind
slips through life's waters; an incident in the
brilliance of hydrangea surprises her as she winds
a hose that like a viper refolds itself after inciting
temptation; in this brutal way, vibrations make
themselves felt, even when age causes bodies to
recoil from their unexpected whims; to attract
and reject is perhaps an uncontrollable desire,
or rather, sense can be found in casting the nets,
like sliding into an area of water that grazes
the proximate radiance of rocks, with a remote
shudder unable to warn against the imminent
outlet where sea and current perform their
continuous embrace of rejection-attraction; to be
guided by the senses towards that re-encounter,

hacia el reencuentro sin que el cielo sea garantía
de destino, más bien dejarse llevar por el asombro
de no saber la dirección exacta de las piernas,
o de los puntos cardinales; el sol apunta con su
espada una certeza, pero nada indica que ése sea
el sentido de las olas, de las piedras, del cuerpo
deslizado hacia el abismo celeste de la luz

without sky to guarantee future arrival or rather
to let one be carried by the amazement of not
knowing the exact direction of the legs or
cardinal points; the sun appoints a certainty with
its sword, but there is no indication that this is
the direction of the waves, of the rocks, of the
body gliding towards the celestial abyss of light

avanzan las olas en esta tarde nítida, serena
la estatura de las alas, hablan las dendritas de
un instante que es el único existente, aunque
en la simultaneidad del todo se extinga sin
dejar su rastro; escenas que no alteran el correr
de la existencia, ni la pluma que se mece a la
distancia y se guarda en la conciencia como
blanca sutileza de los cielos; llora un chico, en
la espesura de su mente reclama aquello que no
tiene; tiene hambre o sueño o un mosquito le
ha picado; la madre descifra el trazo de su grito;
nada impide que el perro huela los zapatos,
o que el sol se oculte en el cartel o caliente la
cara con su sombra; adquiere luz la resistencia,
zumban las pestañas, los pies de arena se
arrodillan en la incertidumbre del momento,

the waves advance on this clear afternoon, the
height of wings bring calm, the dendrites speak
of an instant that is the only presence, though in
the simultaneity of it all, it becomes extinguished
and leaves no trace; scenes that do not alter the
course of existence, not even the feather that
rocks itself in the distance and is saved in the
conscience as sky's white subtlety; a baby cries, in
the thickness of his mind he demands what he
does not have, he is hungry or sleepy or has been
bitten by a mosquito; the mother deciphers the
trace of his cry; nothing prevents the dog from
smelling shoes, or the sun from hiding itself in
the billboard or heating the face with its shadow;
resistance acquires light, the eyelashes hum,
feet of sand kneel before the uncertainty of the

aire ya y mar y ondulaciones y un cielo de
insistencia nacarada; ser en ese cielo no más
que una partícula en el deletreo indiferente
de la tarde que se va

moment, already air and ocean and undulation
and a sky of pearly insistence; to be in that sky
nothing more than a particle in the detached
decipherment of a vanishing afternoon

a Héctor Viel Temperley

cielo mar cielo en el horizonte líquido del aire
que se inhala como precioso combustible de la
vida, y luego profundidad terrosa de lo verde en
la fugacidad de exhalar el horizonte opuesto en
el hálito que queda, superficie en movimiento
que lleva hacia la orilla, duna que se inclina hacia
el cielo amarillento, verde en la distancia del
fondo amarronado, piedras pulidísimas y el aire
que se inhala nuevamente en el celeste, mientras
brazos y piernas realizan la extensión que anima
el chapaleo, a no ser por el continuo movimiento
de las células que en su latitud elemental flotan
sin quererlo en el mar de los asombros ¿quién se
atreve en su ardiente derrotero a gatear sumido
en los efluvios? es un arrastrarse lento y con
enigmas, con sonidos infrahumanos en las

to Héctor Viel Temperley

sky ocean sky in the liquid horizon of air inhaled
like life's precious fuel, and then, from exhaling
fleetingly the opposite horizon, green's earthy
profundity in the remaining breath, a moving
surface that leads to the edge, dune that tilts
towards the yellowish sky, green in the distance
of brownish depths, the most polished stones,
and air inhaled once again from the blue, while
arms and legs complete the extension, exciting
the water, if it weren't for the continuous
movement of cells that in their elemental latitude
float without effort in this ocean of amazement:
who would dare in their heated course crawl
submerged in the effluvia; it is a slow drag,
with enigmas, with infra-human sounds in the
shadows, without oxygen, the virtual blinking

sombras, sin oxígeno, virtual parpadeo del celeste
y del marrón, cálido racimo, rasguño que se
ofrece a la corriente, sangre que se arrastra por el
cuerpo y por el mar en una superficie sin apoyo,
sólo el movimiento admite el movimiento, sólo
el movimiento admite la distancia que se intenta
sin volver, se arrastra paralela a la bahía, y es de
arriba que se atisba como línea, como insecto en
la corriente que se agita, acompasado deslizarse es
tan sencillo, un sutil abrirse de las aguas, rajarse
la blandura glandular que la contiene y la incita
hacia el destino que se opone inestable en la
corriente, mientras el aire entra y sale por la boca
y el celeste se interna en la mirada y el cuerpo
es sólo superficie en este vana superficie que la
envuelve, el lento gateo de las piernas despliega
su textura simultánea, sincronía que gravita en
la efímera silueta que se borra cuando expulsa el
aire en la brazada la trivialización más absoluta,
ahí nomás, en ese punto de lo aceptable, donde

of blue and brown, warm raceme, a scratch
offering itself to the current, blood that drags
itself through the body and through the ocean
on a surface without foundation, only movement
admits movement, only movement admits
distance intended without return, she drags
herself parallel to the bay, and from above she
appears as a line, as an insect in the disturbed
current, a simple rhythmic unfolding, a subtle
opening of waters, splitting the glandular softness
that contains her and incites her towards a
destination, opposing, unstable in the current,
while the air enters and leaves through the mouth
and the blue plunges itself in the gaze and the
body is only a surface in this vain surface that
envelops her, the slow crawl of the legs extends its
simultaneous texture, a synchrony that looms in
the ephemeral silhouette erased with each stroke's
expulsion of air the ultimate trivialization, to the
limit of what's acceptable, there where the mind

la mente se desprende de lo que la asiste y flota en
el golpeteo súbito de una bandera; tener un título
o un sistema para estas abluciones, algo así como
fragmentos derivando en la distancia, como si de
un largo aliento fuera a desprenderse el torbellino
que se expulsa en la memoria; largas frases que
indican que hay miradas fugaces detenidas
simplemente en el papel que ya se vuela, o en el
hombre en bicicleta que es pasado, o en el rítmico
fluir de las canoas apenas sugerido por los remos;
ardiente la mirada que atina sólo a una periferia del
sonido, un avión entre las nubes, el golpe sordo de
una draga, la humanidad manifiesta en la mecánica
monotonía de las ondas; nada hay que el aire no
moldee, que el agua no haga sucumbir; siguiendo
los preceptos de la sombra, la mera luz radiante
de las doce atina a distraer los devenires; un sol, la
distancia entre los astros, el universo rasqueteado
en la corriente de un pensar ajeno a lo profundo;
mirar el firmamento a plena luz, los planetas

detaches from what trails it and floats with the
sudden flap of a flag; to have a title or a system
for these ablutions, something like fragments
drifting in the distance, as if a long breath could
suddenly release that whirlwind from memory;
long phrases that indicate fleeting gazes fixed
simply on a piece of paper now flying away, or
on the man riding past on a bicycle, or in the
rhythmic flow of canoes barely prompted by
oars; the ardent gaze finds only a periphery of
sound, an airplane among the clouds, the dull
thud of a dredger, humanity manifested in the
mechanical monotony of the waves; there is
nothing that air won't mold, that water won't
cause to succumb; following the shadow's
precepts, the bare radiance of midday's light
succeeds in distracting transformation; a sun,
the distance between the astros, the universe
scraped by a current of thought far from the
profound; to gaze at the fully lit firmament, the

girando en armónica rutina, una nave que se atreve
sólo hacia la cáscara de una entidad fabulosa, los
tripulantes en pensados atuendos supervisan la
maniobra de llegada a un puerto que reclama un
sentido inalterable de lo opaco, la vibración del
viento, el papel que nunca se somete; se estiran
las mareas, el aire circula sin premura, nada altera
en este instante la certeza de un fluir que no debe
ser interrumpido, la constancia de la mente se
destina hacia otros lares; ya no la seducción de
ciertos brazos atentos al quejido, o a los labios
impregnados de alabanzas, más bien la inalterable
dirección hacia el presente de los sueños y el
constante asentamiento de las aguas

planets rotating in habitual harmony, a vessel
that only risks itself near the husk of a fabulous
entity, the crewmen in expected attire supervise
the handling of port arrivals that reclaim an
inalterable sense of the opaque, the vibration
of the wind, the paper never submitted; the
tide stretches, the air circulates without haste,
nothing in this instant alters the certainty of
a flow not be disturbed, the constancy of the
mind destines itself to other places; no longer
the seduction of certain arms tending to
lament, or lips saturated with praise, rather the
steady movement towards the present of dreams
and the water's constant documentation

el alga estampa en la mano un alfabeto marino
que se extingue si las manos se internan en
el verde como dos plantas simétricas, palmas
que empujan el agua y filamentos vegetales; un
verde compacto tamiza de dorado los colores
mientras el cielo segrega celeste en el avance;
sólo el azul expande su fijeza cuando gira y
entrega sus espaldas a las olas; sin horizonte
que limite la mirada, las nubes se avecinan a
la estela y entonces el cuerpo es sólo superficie
que se extiende hacia lo alto; con los brazos
quisiera alcanzar el universo pero la rítmica
flexión hacia la meta sumerge la mirada en un
charco fugaz, y otra vez el cielo se avecina en la
distancia, pero de tanto aire que se expira, se
separa de la nada que es el fondo de los cielos

the algae stamps in the hand a marine alphabet
that becomes extinguished if the hands penetrate
the green like two symmetrical plants, palms that
push the water and vegetal filaments; a compact
green sifts the colors golden while the sky is a
celestial secretion in the advance; only the blue
expands its fixity only when she turns and offers
her back to the waves; without horizon to limit the
gaze, the clouds approach the wake and then the
body is just a surface that extends itself towards
the heights; with her arms she'd like to reach the
universe, but the rhythmic flexion towards the
finish submerges the gaze in a fleeting puddle,
and again the sky in the distance advances, but
expelling so much air separates her from the
nothingness that is the depths of the skies

Translated by Rosa Alcalá

About the Author

Lila Zemborain is an Argentine poet who has lived in New York since 1985. English versions of her work are included in the anthologies *The Light of City and Sea* (2006) and *Corresponding Voices* (2002), in the art catalogs, *Heidi McFall* (2005), and *Alessandro Twombly* (2007) and in multiple poetry magazines and journals including *Ecopoetics, Rattapallax, The Brooklyn Rail, A Gathering of the Tribes, The Poetry Project Newsletter, Bombay Gin*, and *Mandorla*. Selections of her poems have also been translated into French, Italian and Catalan. She is the curator of the KJCC Poetry Series at New York University where she is a Clinical Assistant Professor in the MFA in Creative Writing in Spanish. In 2007 she was selected as a John Simon Guggenheim fellow. *Mauve Sea-Orchids* is her first full-length English edition.

About the Translators

Rosa Alcalá is the author of *Some Maritime Disasters This Century* (Belladonna Books, 2003), and *Undocumentaries* (Dos Press, 2007). Alcalá's poems, translations, and reviews can also be found in a variety of publications, including the journals *Barrow Street, Brooklyn Rail, tripwire*, and *Mandorla*, and the anthology *The Wind Shifts: New Latino Poetry*, edited by Francisco Aragón (U of AZ Press, 2007). She received postgraduate degrees from Brown University and SUNY-Buffalo and is currently Professor of Creative Writing at the University of Texas at El Paso.

Mónica de la Torre writes about art and culture for publications in Mexico and the U.S. and is the author of the poetry books *Talk Shows* (Switchback, 2007) and *Acúfenos*, a collection in Spanish published recently in Mexico City by Taller Ditoria. She is co-author of the artist book *Appendices, Illustrations & Notes*, available on Ubu web and the co-editor of the anthology *Reversible Monuments: Contemporary Mexican Poetry* with Michael Wiegers (Copper Canyon Press, 2002). Other translation projects include a volume of poems by Gerardo Deniz published by Lost Roads in 2000.

Belladonna Books